The Power of Prayer

なぜ、あの人の願いはいつも叶うのか？

幸運を引き寄せる「波動」の調え方

リズ山崎

青春出版社

Everything is Perfect

すべてはうまくいっています

フロントガラスに「行き先」を

人はみな乗り物。
バスや電車などの乗り物は、フロントガラスに行き先を掲げています。

あなたという乗り物のフロントガラスには掲げられていますか？
「どこ行き」という行き先が。

乗り物は、カーブや角を曲がりながら目的地を目指して進み、
行き先に到着します。
フロントガラスに表示された目的地へ着くことになっています。

行き先を「設定」してください。
人生という街中を、ただ闇雲《やみくも》にさまようばかりで、
願望成就できなかった、とならないために。

あなたという乗り物の行き先を
フロントガラスに掲げておきましょう。

フロントガラス。それは額の前頭葉。
額の内側の脳の部位。未来を創造する前頭葉がフロントガラスです。
おでこがフロントガラスです。

フロントガラスに掲げられた行き先へと、
あなたという乗り物は運ばれるようにできています。

恐れを鎮め、安心しましょう

宇宙は絶えずあなたの望みに応え続けています。
けれども、多くの場合、
望んでいながら、恐れている心や、
望んでいながら「でも、きっと無理」と判断する矛盾思想が
それを遠ざけています。

恐れを鎮めましょう。
恐れが拒絶をもたらします。
拒絶はよいものを遠ざけます。

安心を与えましょう。
安心になりましょう
こわばりをゆるめましょう。

宇宙は絶えず、あなたの望みに応えています。
アクセルを踏みながらブレーキを踏むようなことはもうやめましょう。
望みが叶うことを、素敵な気分で想像し、喜んでいてください。

不安や不信がでてきたら、
「だいじょうぶ、だいじょうぶ」とやさしく自分の味方になって、
「さあ、今、どこへ向かっているところ？ たのしみね」と、
不安を鎮め、心を喜びの光で照らしてあげるようにしましょう。

宇宙は「覚悟」に応えます

もしあなたが何かになりたいなら、
誤解されることを恐れないでください。
「誰にどう思われようと、関係ない。動揺するに及ばない」
という覚悟をもってください。

欲求が満ちると、決意になります。
決意が満ちると、覚悟になります。
宇宙は、その覚悟に応えます。

そのとき使いたいのは「縦の力」。
地上で起きうる誤解や非難などという「横の力」を恐れていては、
縦の力は通るはずがないのです。

祈り

内に祈ってください。
外側でなく。
内に祈ってください。
あなたの中心に祈ってください。

隅

隅を残しておきなさい。
神経質に強迫的に、隅を追跡するとキリがない。
戻ってこられなくなるばかりか、
そこに、新たな次元を作り出してしまうから。

偽らず、ほんとうの心で

気にいられようとか
かわいがられようとかするのは
もうやめよう。

同時に、
かわいい人とかいい人そう、で人を判断するのも
おしまいにしよう。

あなたにだけ見えている、
ほんとうの心を信頼すればいい。

それは感じてしまう自分のこと。
つまり、自分にはわかる、とか、見える、とか、
感じる感覚に偽った生活をしないということ。

すると、おのずと「自分の在り方」が決まってくる。

信じること

人は恐れてはいけない。

恐れる必要はないから。

よいところへ運ばれるようにできているから、
しっかり信じていること。

あなたがいま、生きているという事実が確かであるのと同じに、
あなたが守られ導かれているのは確かだから。

誰かにわかってもらおうとしなくてていいのです。
あなた自身を信じてよい。

弱い、小さい……それをそのままに。
手をつけようとしないでください。

あなたが中心でいいのです。
困ったら困ったようでいいのです。

そのときそのときの
ありのままの自然な自分をたっぷりゆるしてください。

ありのままの自分がよいのだということを信じてください。
ありのままの自然な自分こそ願いを叶える力なのです。

試練は成就のプロセス

「自分が変わればすべてが変わる」
変わらざるを得ない試練によって
自分の在り方が変わることがあります。

変わることによって条件が揃います。

願望成就を起こすために

人は必要なプロセスを通過していきます。

エネルギーはパーフェクト

人間の時間の観念でそれが進むとは限らない。
時系列に埋めてゆけないものもある。
だから、そこは空けておけばよいのです。

空いたり、保留になったりしているところに、
見事に何かがあてはまって、
パーフェクトということになります。

「空き」とか
「捨て」とか
「流れ」などというエネルギーもあって、

それぞれがちゃんと仕事をしているのです。

ですから、今まで失ったもので後悔していることがあるなら、
そのエネルギーこそ、
あなたの変化や進展に必要なエネルギーだった。
だからこそ、それを経験したにすぎないのです。

人から誤解され、人と離れることがあったかもしれません。
大切なものを失ったかもしれません。
チャンスを逃したかもしれません。

しかし、それらはあのときのあなたに必要だっただけ。
そのプロセスで、あなたの人生を前へ進める必要があっただけ。
それらを受け容れるとき、すべてのエネルギーがパーフェクトに現実に働くのです。

入口と出口は同じもの

入口は出口。
与えることは、受け取ること。
愛することは、愛されること。
すべては同じ。
すべてはひとつ。

入口と出口はひとつの同じもの。
あるGate
輪っかなのです。

The Power of Prayer

「なぜ、あの人の願いはいつも叶うのか？」

Contents

成る……77

しない……91

からだを整える

カバー画像　©chris-Fotolia.com
本文デザイン　岡崎理恵

プロローグ

「叶える力」の使い手になってください

願っても、なかなか叶わないのはなぜ？

欲望の方向、叶えたい目的がはっきりすれば、すべき行動も明確になり、物事はおのずと叶うようにできています。

しかしながら、目的に向かいながらも、それとは関係のない横波・横槍《よこやり》にいつも揺らがされて、その横波・横槍を「受けないようにするにはどうしたらよいか」ということばかりを考え、そちらに意識や行動を向けたりしてしまいがちです。

前方の目的に向かっている意識の矢印が、横波・横槍のほうに向いてしまう。

そうすると、「行き先」も横のほうに逸《そ》れていってしまいます。

これが、「がんばっているのだけれども、なかなか叶わない」元凶です。

今なにをすべきで、なにがもっとも大事なのかを優先した進め方ができれば、目標・目的は必ず叶うようになっています。外の事象に一喜一憂することはありません。

なにをメインとするべきなのか。
どこに向かっているところなのか。
ここを忘れてはいけません。

願望成就へと向かいにくくさせている横波や横槍の原因を追求することがメインにならないようにしてください。それを**気にしない〝在り方〟**を身につけるということが、あなたの力になります。人の様子や自分の気分に圧倒されることはありません。

これもあれも、他の人より上手に。他の人が持っている物は、とりあえず一応持っておきたい……というふうに興味や欲求の向けられる先がバラバラになって、目指すものへの力の配分が分散してしまうと、**ほんとうに最優先したいものがきり立たなくなってしまうのです。**

そのために、朝起きたとき、夜寝るまえ、そして日中も、「今、どうなろうとしているところなのか」思うことです。

意識の矢印を常に、あなたという乗り物の「行き先」に向けつづけているように！

無限の力がいつでも、そこに存在しています

自分の真の力を信じるということは、神の力を信じるということです。神の光・宇宙の力・人間の真なる潜在能力など表現はさまざまでも、それらはすべてのものの元の元。エネルギーを指します。だから**自分を信じることは、神の力を信じることでもある**のです。

その力とは光の意識。エネルギーです。

すべてはエネルギーによって創られているので、植物、鉱物などのほか、家具、食器、雑貨なども含め、この世に存在するすべては意識の集合体といえます。

無数にちらばることのできる意識でもあり、集結してひとつになることもできるエネルギーです。あなたの内にも外にもあり、あなた自身でもあります。

そして、**あなたの身体・心・魂を総括した波動・周波数と、宇宙の無限のエネルギー**

とが同調するときに、願いは必ず叶うようにできています。

その力の「使い手」になるには、そのエネルギーを通せる存在でいることが不可欠です。

人間は目で見て、耳で聞いて、いわゆる「地上（横）」に弁を開いて生活しているわけですが、「その力の使い手」になるために、エネルギーが通るように弁を「宇宙（縦）」へも開いておいてほしいのです。

弁を開く……それは、みなさんの身体が筒状（パイプ）で、エネルギーの「通り道」であるというイメージです。

「通り道」であるためには、なにしろ「ゆるんでいる」ことです。

通常お行儀よくいるとか、一生懸命なにかをするというときは、つい力が入ってしまうものですが、それを「ゆるめる」という居方《いかた》を習得するのが秘訣です。

人がゆるんでいるときというのは、たいてい安心しているとき、「嬉しいな」「穏やかだな」というときではないでしょうか。

だから、力みは不要。いつもリラックスしているよう心がけてください。

「使える人」になるために…パイプ・通り道は広く

見えない「力」「エネルギー」「光・意識」というものの存在を知って、弁を開けるよう意識したなら、即座にあなたはその力とつながることができます。

そして、あなたの肉体個性にその力は流れるようになります。


ところが、そのパイプ・通り道の内側に、たくさんの目詰まりがある。たくさんの自我という凸凹、突起物があって通りが悪いということがあります。

たとえば、「あの人だけは、ぜったい許せない！」とか、「私が悪いのはわかってるけど、あの言いかたはヒドすぎる」など恨みや批判、頑なな心などがパイプの通りを悪くしています。

執着や心配、自己否定や他者否定などもそうです。

それらは、すべて、自我、自我、自我です。自我への執着です。

「あの人は器が大きい」とも言いますが、この器の直径がパイプの直径ということです。

そして、**このパイプを広げるチャンスというのは、日常の出来事、日々の経験からいただくものです。**

ですから、いやなことがあって頑《かたく》なな自分が出てきたとき、

「それもこれも、パイプを広げるために与えられている、試練という名のギフトなのだ」

ということを思い出しましょう。

それほど意固地にならなくても意外と、どちらでもまあよい、と流したほうがらくなことだったりします。らくなほうを選べばよいのです。

なにより覚えておきたいことは、そうした**一見ネガティヴな出来事とは、実のところ、あなたが願いを叶える「力の通り道」になるためにある**のだということです。

柔軟にパイプをクリアに広げていきましょう！

だから、試練はギフトなのです

「何月何日の何時ごろ、こんな人があなたの目の前に現れて、嫌なことしますから動揺しないでね」と予告されれば準備のしようもありますよね。でも、そういうわけにはいかず、日々の暮らしのなかでは想定外の出来事がもたらされます。

たとえば、静かな、ちょうどいい温度のちょうどいい暗さのところで瞑想するのは簡単です。でも、雑踏のなかや気障りな物音のするところで、「さぁ心を穏やかに整えて、静かになりましょう。無我の境地になってみましょう」と言っても、これが難しい。

だからこそ、私たちはちょっとした困難をギフトとしていただいて、それを行い、それを行うことを通して私たちが強められる。宇宙の力と同質の力をいつでも使うことのできる自分になる。それが成長するという意味です。

人生は成長なのです。人間の進化や成長のひとつはその力に目覚めることなのです。

そしてそこには、愛があります。

理解にしても、許しにしても、人様と助け合うにしても愛です。人様を責めるのではなく人様に対して、パートナーに対して「補わせていただく」という立場をとる。それは愛です。

ですから、愛を学ぶ。嫌なことがあっても、そこで愛をちゃんと使うことができるかどうか、日々お試しがあるわけです。

「うん！　使えるよ。うん！　許せるよ。私にはもう神の力が宿ってるから。それくらいのことで困ったりしません。困ったところで、私に通されてる力がどうにでもしてくれることになってますから」

そんなふうに考えて、物事をとらえ処理していきましょう。

愛をもって。喜びをもって。

そこに、目に見えない大きな力の働きがある。すなわち奇跡が働くのです。

自分と宇宙の歯車が合うと、奇跡が起きる

エネルギーの通り道になるために、もうひとつ大切なこと。それは自分と宇宙の歯車を合わせる、ということ。

歯車は、ギザザギザの形とギザギザの形がぴったり合うから、かみ合わさるわけですよね。その歯車を伸ばしてみると、波形になりますよね。

人間が自我の思考で考えているときの波形と、宇宙の引き寄せのもととなるエネルギーの波形の波型《なみがた》が違うので、通常その歯車が合いにくいのです。

具体的には、社会のスピードという歯車、思考や言語のスピードの歯車、心や精神のリズムなどの歯車が、互いに巻き込まれて正常な回転でなくなったり、空回りしたりして、魂や宇宙のエネルギーのリズム、歯車とかみ合っていないことで聖なる見えざる力とかみ合いにくくなっているということです。

そこで、ひととき、社会の雑音や自らの思考から離れて、瞑想する・黙想するとい

うことをおすすめします。

ゆっくりの深呼吸で内に入っていくと、身体と心の歯車、その奥の精神・魂の歯車とがかちっとかみ合います。そうなることで、そのさらに奥の宇宙の歯車、神の歯車とかみ合わさることができるわけなのです。

すると、思いに対する宇宙からの応答や情報が取り込まれやすくなり、シンクロとか、偶然と呼べないほどの偶然が日常茶飯事のように起こってきます。

そうした生き方をみなさんに提案したいのです。

大きくいうと、人間が神の力を使って生きる方法を習得することが、人間の進化、地球を救う方向へつながる進化になるのです。その意味で地球の行くすえについて評論している暇があったら、一人ひとりが自らの力に目覚め、健全な幸福を追求し、手に入れれば、よい。そこから地球を救うための叡智《えいち》ももたらされ、人類に貢献できる人々が増えてくるということ。

外界に急がされることなく、また自分自身を焦らせることなく、深呼吸で身体と心と宇宙との歯車を整える習慣をもちましょう。

Everything is perfect.
「困ることなどなにもない」
すべてはうまくいっています。

口角を上げて、深呼吸しましょう。
口角を上げて深呼吸しながら、肩、首の力をゆるめましょう。

らくになるほうを選べば人はみなおのずと愛の人になります。
おのずと成長し、願いは叶うようにできています。
あなた自身が無限の力の通り道なのです。

✷願いの届け方✷

願う。祈る。思う。欲する。欲しがる。頼む……。
これらは宇宙では同義語。
同一のアクションなのです

行き先を具体的に決める

タクシーに乗って、

「最近おもしろくないんで、どこかいいところへ連れてってください」

そう伝えても運転手さんは発車できませんよね。けれども行き先さえしっかり告げれば、あなたが道順を知らなくても、運転手さんは目的地まで届けてくれます。


願望成就もまったくこれと同じ。

行き先を決定すれば、宇宙タクシーはそのようにあなたを運んでくれます。

その時点であなたが「どのようにすれば」という道順がわからなくても、です。

しかし、それにはできるだけ明確に行き先が決まっていることが大切です。

たとえば行き先を「A町のカラオケ屋」と伝えても、もしA町にいくつものカラオケ屋があれば、その周辺で迷ったりして時間やお金をロスすることになります。「A町1丁目2番地のYビルまで」と行き先が明確であれば、運転手さんはカーナビにも設定でき、しっかり私たちを目的の場所へ届けてくれます。

タクシーのたとえでは「あたりまえ」に思えますが、ここで躓《つまず》いている人が多いのです。ここで躓いたら先はありませんから重要ポイントです。

つまり、「幸せになりたい」「自信をもちたい」などは抽象的、概念的なので、これでは、タクシーで「楽しいところ」と告げるようなものなのです。少なくとも「不幸でない」「不自由から解放される」という方角であるらしいことはわかります。が、それだけではまだ**「目的地」**として設定されないわけです。

行き先は具体的に。これがポイントです。

考えながら書き出してみよう

これまで、幸せ・自信・自由・お金持ちなど行き先が抽象的だったなら、「それを手に入れたら、何がしたいか、どう使うか」などについて書き出して、欲望に気づき、目的地を明確にしていきましょう。

順番をはっきり決める

タクシーの運転手さんに、行き先を10コも20コも書いたメモを渡しても、運転手さんは「ええと、まずどこへ向かえばよろしいでしょう」と、困ってしまいます。

でも、そこで、「まずA店で買い物して、B駅で恋人を乗せて、C町で……」と「順番」を告げれば、運転手さんはそのとおりにあなたを運んでくれます。


宇宙タクシーもまったくこれと同じ。

あなたが「お願いしたように」運んでくれます。

ただし、**人間の住む地球の次元には時間・空間という特有の概念がありますが、宇宙の次元にはそれがないので、順番を考えて決めるのは、人間のお仕事**だということ。

これをよく覚えておく必要があります。逆に言うと、そこまでまかせていては、いつまでたっても何も起きませんよ、ということです。

ある30代後半の女性が「新月の夜、お願いごとを書いた紙を箱に入れると願いが叶う」と聞き、いくつも書いて箱に入れてお願いしたけれど1年たっても叶わなかったそうです。そこで、彼女はまず今すぐ欲しいものは？　と自問し「年内に結婚する」とお願いをひとつに絞りました。すると驚いたことに数か月で、生まれて初めての彼氏ができ、間もなく結婚したのです。

引き寄せの法則、宇宙の無限の力、というものを強く信じている、いわゆるスピリチュアルな人ほど現実的にはそううまくいっていないと見受けられることが多い印象が否めないのは、旧来の信心深さから、すべて神様がやってくださるもの、とおまかせしすぎてしまっているからと考えられます。

実のところ、宇宙におまかせする部分と、時間空間のある地球で生きる自分が担当する部分とがある、というわけです。

ありのままのあなたに宇宙の力は応えます

タクシーの運転手さんが「努力家でない人は乗せない」ということはありませんよね。手をあげれば、それが何者であろうと止まってくれます。乗客を拾うことが仕事ですから。

宇宙のエネルギーも同じ。いえ、それ以上に無条件です。

与えることが仕事なので、その人の在り方がどうか、努力をじゅうぶんしているか・いないか、そんなことは関係ありません。

むしろ道徳や信仰にみられる教えを強く守ろうとしすぎると「神様は、こんなに苦しんで弱い自分をちゃんと見ていてくださるはずだ」と思ってしまいがちです。

しかし**宇宙のエネルギーは、ただ反射的に人間の願いに応えて**いますから、いい人だからとか、信心深い人だからとか、じゅうぶん忍耐強く努力している人だからとか…ということとは別なのですね。ここがポイントです。

つまり、幸せになるのに資格はいらない。

すべての人が宇宙から願いを叶える力を得ることができるということです。

ですから、「もっともっと」と、自分をこれ以上何かにさせようとするのは、もうやめましょう。

自己批判はパイプの通りを悪くします。

開き直ってください。もっと●●しなきゃ▲▲にならないという定義を、自分の土台から外してほしいのです。

すごろくでいうと上がり、もうそこに来たと思ってください。

「これでいいんだ」になっていただきたいのです。

行き先は決まっているのだから、恐れない・心配しない

手をあげてタクシーに乗ったら、行き先を告げるだけでいいのです。

席に座りながら、「ほんとうに着くのかな?」「渋滞、どうしよう」と心配したり、「運転手さんのブレーキのかけ方が気にいらない」「遠回りしているんじゃないか」とイライラしていませんか。

「着いたら何しよう。楽しみ!」そういう居方《いかた》をすれば、その先も楽しくなりますよね。よい乗り心地でいれば、目的地・行った先も楽しくなります。

不満やいら立ちなどを抱いていますと、その波動が外へ外へと放出されて宇宙に届き、そうした周波数に同調して同類の現実が創り出されてしまいます。だから行った先でもまたイライラするような出来事が待ち受けているということになるのです。

未経験のものはいつでも期待と不安が表裏一体。

願望を叶えるということも、誰にとっても未知の世界ですから、そこに恐れや不安があるのも自然です。それを打ち消そうと意識を向けるのではなく、**願望成就した喜びの姿に意識を向けておく**ことです。

「どのみち、そうなるって決まってるんだから」

と余裕のこころもちで取り組みましょう。

自分というお身体・通り道を、心配ばかりする自我でぎゅうぎゅう詰めにしないでください。そのかわりに喜んでいる・透き通った状態でいる。

そうすると、**宇宙が吹かせる追い風**が通りやすくなり、現実を引き寄せるスピードもどんどん加速されます。つまりは人が、思いの通りに真なる力・聖なる力・本来使うことのできる力を、ふんだんに使うことができるわけです。

タクシーに手をあげて、行き先を言ったなら、その後は乗り心地よくいる、ということが引き寄せの力を正しく働かせる秘訣です。

まっすぐ前方に願う意識の訓練をしましょう

願望成就の進展が見られないとき、昼夜、前方、時間の行く先を、意識のなかで見ているか確認してください。つまり目的、行き先を忘れて過ごしている時間がないかどうか注意する、ということです。

新幹線のレールのように前方にだけ意識を向けておきます。

新幹線はコンクリートの壁で覆われていたり、速さゆえに、周りの景色が見えないところが多いですね。それだけ目的に向かってまっしぐら。

「前方」「行き先」「ゴール」しか見ていないということです。

前方へ意識を向けるトレーニングとしては、

● **閉じた眼のなか、前方を見つめ、その一点をしっかり見つづけるようにします。**

視線を動かさず固定し、行き先に設定して定める。

●そうしたら今度は、まっすぐ縦のイメージで、深呼吸をしていきます。
前方のヴィジョンとは違い、身体の深いところ、身体に対して縦に中心に軸があるとイメージし深呼吸します。

中心はみぞおち上部あたりですが、お腹・下腹部のほうにもっとエネルギーを通すつもりで。お腹・下腹部を内側から外に膨らませるような感じで、深呼吸してください。
●次に、この軸から頭のてっぺん、頂上のゲートと書いて頂門とも呼びますが、そこがスーッとマンホール状に穴が開いている、あるいは観音扉がサーッと開いているとイメージし、さらに20センチほど上に黄金色の天使の輪のようなゴールデンゲートがあるのをイメージしてください。
●さらに、身体の下から上へまっすぐに軸が通っていて、頭の上から、宇宙のそのまたさらに上のほうに伸びていく。光の輪のゲートを通って、宇宙の光とつながる。そして大いなる光がどんどん身体へと注がれているのを感じます。そのようにして光とつながる。

このイメージ呼吸法は、意識の訓練でもあります。なぜなら、その光は、意識というエネルギー・意識というパイプを通って、人間の肉体レベル・物理レベルに働く、現れることができるからです。

こうして宇宙の力を通したら、

●最後に、閉じた眼のなか前方に、願望をヴィジョンします。

前頭葉に「どうなりたい」のかを思い描くのです。

このとき、視線をブレさせず、凝視するようにします。

はじめは少し硬くなってしまいますが、これをリラックスして行うことができるのが理想的。そのなかで過ごす自分をよく想像し、うっとり最高の気分を味わい広げましょう（このときの状態が波動となることは、もうおわかりですね）。

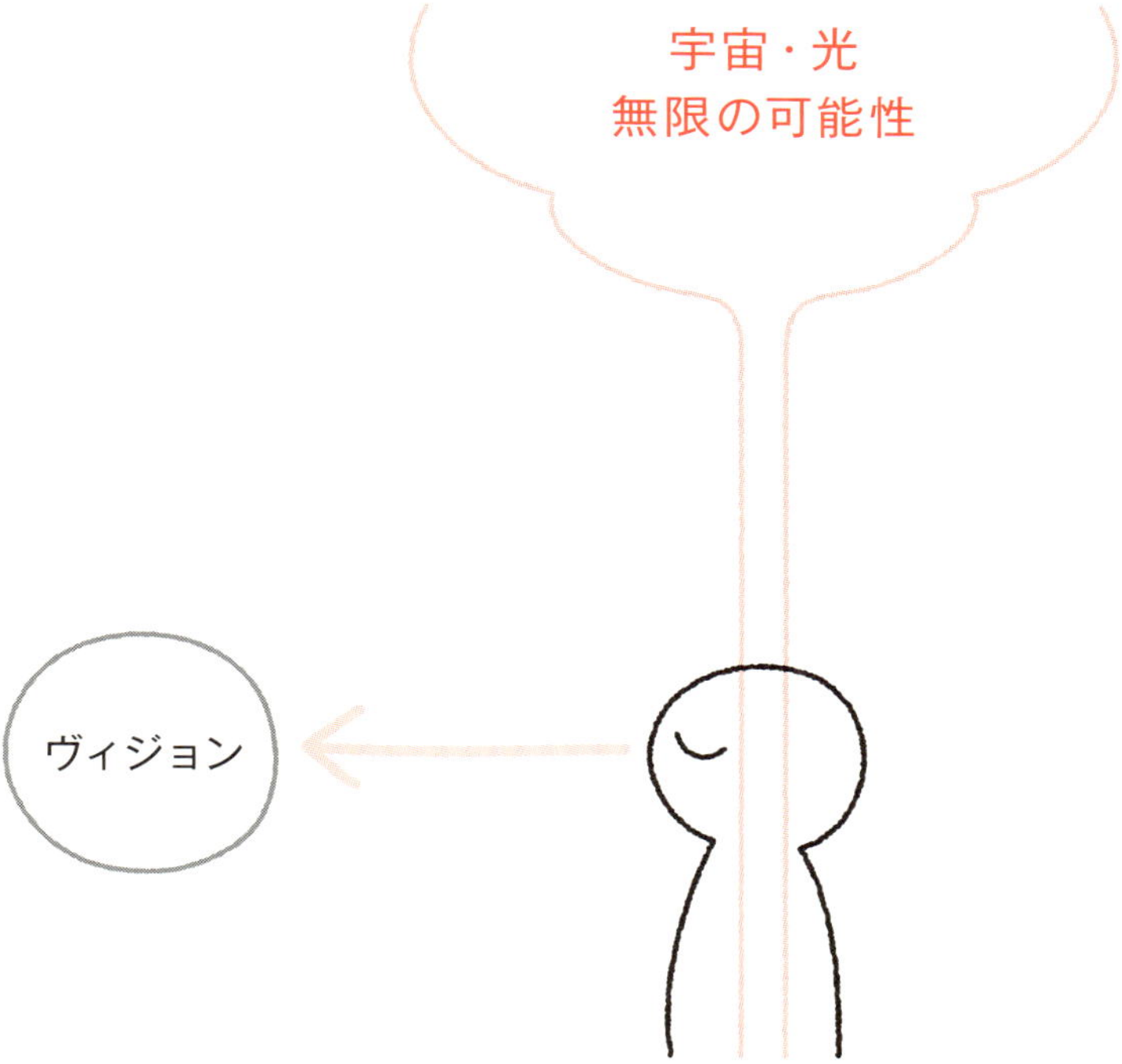

宇宙の光とつながり
前方に「願い」を届ける

いったんお願いしたら、決して横を向かないこと

何度も言いますよ。**宇宙のエネルギーは、お願いされたら動きます。**されないと、動きようがありません。

レストランでずっとメニューを見ていても、ウェイトレスさんに頼まなければお食事は出てきませんよね。頼みさえすれば、料理はあなたの目の前に運ばれてきます。物欲しそうにメニューを見ていても、頼まない限りはやってきませんし、出てくるまで心配しつづけることもないでしょう。

頼んでください。
お願いしてください。

宇宙にお願いが届かないエネルギーには特定の質・量・方角があります。

「頼みたいけど、無理ですよね」に対して、宇宙のエネルギーの答えというのは

「ＹＥＳ！　ＯＫ！」。ですから、前方に向かって「これが欲しいんです！」と願っても、「でも無理ですよね」と横を向いてしまうと、「無理」のほうに「ＹＥＳ！　ＯＫ！」と進めます。

「もういい加減、こんな生活いやだからアファメーションしてみよう。ヴィジュアライゼーションをやってみよう。これが欲しいので、お願いします」と願うと、すぐに「ＹＥＳ！　ＯＫ！」とそちらに２、３歩進みます。

でもそうした自分が現実だと思っていない人は、ちょっとした出来事ですぐに「やっぱり無理なのでは……」「私にはできないかも」と思って、挫折してしまいます。

この**「思い」自体がお願いになります**。つまり、自分から「無理だ」と発信してしまっているのです。

宇宙は絶えずその願いを察知していますから、せっかく２、３歩進んでも、「やっぱりダメだ」と横を向いてしまうと、「ＯＫ！」と横のほうに５歩も10歩も進めてくれてしまうわけなのです。

お願いの方向は、まっすぐ前方のみ。これが大事な方角です。

「方法」ではなくて、「方向」を大事にしてください

「方法」より、「方向」を定めておいてください。

方法については、知らされます。もたらされます。人間の限定されがちな思考で、方法について考えてしまうとき、宇宙の力も限定されてしまいます。

宇宙の力は、ただただ人間が発信する波動に反応しています。応答しています。

ですから、「どうなりたいのか」その方向をいつも見て、方向を定めて、方法について今わからなければ、わかろう・知ろうとしないことです。

その部分に囚《とら》われてしまうと、その思考によって宇宙の力の流れを止めたり限定的なものにしたりしてしまいます。

流れてくる力に対して、思考はいつでもフィルターの役割をしていますから、思考のフィルターが分厚いと、無限の可能性も、結局のところ1滴か2滴しか通せないということになってしまいます。ですから、フィルターを設けないということは、「考

えない」ということです。深く掘り下げないとか、今わかりようのないことは、**いつまでも考えないようにする**ということです。

人間は他の動物に比べて知的な生物であるといわれています。考えることができるからです。

しかしそのうちに、自分が納得したものは通すけれども、納得できないものは通さないとか、理解できたら行うけれど理解ができないからやらないというふうに、複雑になってきています。

つねに考えている状態の人は、考えない状態を保つのが「難しい」と言います。

また、知的で高度で複雑な思考の人は、単純であることを「難しい」とおっしゃいます。けれども、単純であるということは難しいことではないのです。

自分は複雑すぎなのかもしれないな、と認めてシンプルになっていくと、フィルターの通りがよくなりますから､神の力がそのままその人の肉体個性､その人の人生を通って地上に現れるようになるのです。

意識力を鍛える凝視法

意識力を強化する訓練法についてお伝えします。

暗闇のなかで、キャンドルライトやペンライトなどまぶしいものを見たあと、眼を閉じると、眼のなかに光の残像が赤い点のように見えるはずです。この赤い点を利用した訓練です。

①**暗闇をつくり、キャンドルかペンライトを数10秒見つめたら消灯する。**
（このとき目線は前方のまま動かさないこと）
②**眼を閉じ、瞼《まぶた》のなかに見える赤い点が動いているかどうかぼんやり眺める。**
（たいていの場合、人それぞれ動きにパターンがある）
③**閉眼時に見える赤い点を、額中央に止めておく。**
このとき使っている力が意識の力です。

（赤い点が見えなくなったら、また①にもどり5セットほど繰り返します。）

①〜③で、止めておくことができるようになったら、さらに、

④ **赤い点を、上下、左右、上方で左右、など、動かしてみる。**（5セットほど）

これは、みずからの意思で意識を働かせる訓練で、潜在意識や想念の力を高める訓練でもあり、もちろん、前頭葉に願望を思い描き保持する「ヴィジュアライゼーション」を効果的にするための訓練にもなります。

光の凝視法で要領をつかみ、赤い点を止めておくときに使う「意識力」の感覚がわかったら、今度は、日常で歩くときに応用してください。

視線をふらつかせずに、前方に視線を置きつづけて歩く、という練習です。

歩いているとき、**視線を泳がせない**。ただ視覚、聴覚によって気のひかれるままに意識や目線をもっていかれないように訓練するのです。

思いが現実を創り出します。その思いを司る意識の力を訓練するのにこの凝視法は、最適なものです。

期限を決めてお願いする

宇宙のタクシーに「行き先」をお願いしたら、**「いつまでに」と期限も指定**してください。

人間の世界には時間が存在しますが、すべてを叶えることのできる高次意識の世界には「時間」が存在しないので、それもお願いし忘れないようにしてください。

これまで叶わない願いがあったなら、それは、

「いつかそうならせてください」

と願ってきたからかもしれません。

たしかに、見通しがつかない現状で「いつまでに」と指定して願うことには矛盾を感じたり難しく思ったりし、抵抗があるかもしれません。

たとえば結婚したい人が、

「仕事と家の往復で出会いのチャンスなどないし」

と限定して考えてしまえば、期限を定めてお願いすること自体、難しいでしょう。

またビジネスでお金儲けしたい人の場合なら、

「ほんとうにやりたいこともまだ見えていない、資金もないのに」

と限定してしまえば、期限を設けて願うのは見通しがついてから、となるでしょう。

しかし！　それが逆なのです。ここここそポイント。**この力を使っている人と、使うことができずにいる人の決定的な違いなのです。**

「見通しはつかない。今は方法もわからない。でも、それを叶えたい。だから、来年の10月までにお願いします。私は来年の10月にはそれを経験しています」

このように**限定的な自らの思考から離れてお願いし、ヴィジョンする。この訓練をすることであなたは驚くような結果を経験するはずです。**

口角上げて深呼吸。
Everything　is　wonderful.
Everything　is　perfect.
すべては素敵にうまくいっています。

潜在能力は無制限。
宇宙の力は無制限。
宇宙は気前がよいのです。
宇宙がしくじることはないのです。
その力は、そこにも、ここにも、
あなたのなかにもある光です。

波動を調える

人間の目に見える世界は可視広域の光の周波数の範囲内、
耳に聞こえる音も可聴域である音波数の範囲内。
感知できないだけで、電波も含め、
見えない聞こえない領域の周波は存在しています。
宇宙の見えざる力も同様です。
「在る」けれど感知できないバイブレーションなのです。
人間がその周波数の領域にすーっと入ったときに、
人間が求めるところの潜在能力、神の力が同調される仕組みになっています。

心静かになりましょう

引き寄せの力の源は宇宙の高次意識です。その意識は、人間の潜在能力といわれる潜在意識でもあります。

天、宇宙というイメージですと、その力は外にあるように思われ、人間の潜在能力というイメージでは人間の内にあると思われますから、いったいどちらなのか、と混乱するかもしれません。しかし、それは人間が「自分」という存在と、外側の世界や存在とを別個に感知しているからにすぎません。

つまり、人間は自分の皮膚の内は「自分」、そして皮膚の外は「外界」と認知しているけれども、エネルギーにはその境界がないということなのです。

ですから、**高次元では内外、高低、大小、上下という概念がない**のです。もちろん時間空間も存在しません。ですからこそ、願いも思いも一瞬で「成る」世界です。

ただし、人間の次元には、時間空間、重力、摩擦などが存在するので、高次意識の世界で「成っている」ことがらが、実際人間が現実と呼んでいるところの知覚できる現象として経験できるようになるまでには、時間的な誤差が生じます。

引き寄せの力の源である高次意識の次元は人間の世界の周波数とはだいぶん異なります。それはＡＭラジオのチューナーでいくら周波数を変えても、ＦＭラジオの番組を聞くことができないのに似ています。

ところが、人間の波動を高次意識と同調させることは可能です。

それが、心静かになるということです。

いわゆる瞑想状態です。

人間の世界は、とくに先進国の世界はいたるところに音があり光があり、物事のスピードも高速です。脳も身体もフル回転しています。まずはその回転数をぐっと下げる。

そして、深呼吸に意識をフォーカスして心静かになる。

そのとき高次意識のエネルギーと交わることが可能になります。

あなたの立てる波動すべてが、宇宙に届いています

あなた自身が**「立てる波動」**に注意してください。

そのために、心穏やかに、安心でやさしく清らかにあってください。

人やモノに対して、心をもってやさしく接してください。

モノに対しては、丁寧に扱うようにしてください。

乱暴に扱うと衝突から乱暴な音が立ちます。

とくにネガティヴな感情を伴って、乱暴にドアを開け閉めしたりモノを叩きつけたりなどすれば、その衝突から起こる波動はあなたから発せられた波動として数えられます。

人はエネルギーであり振動でありますから、心のなかの思いも波動となります。

みずからの不安や心配に圧倒されたり、イライラしたりすると心のなかが波立ち震え、その振動が周波となり宇宙に放射されます。

悪意や敵意にもくれぐれも注意してください。心の波動は極端に乱れますから。とくに人に向けられたものは、**見えない次元で跳ね返るか循環する**のでブーメランのように自分へと戻り、自分へダメージをもたらします。

ですから、笑顔、やさしさ、親切、うれしい、寛容など、ポジティヴで、喜ばしい状態でいるよう心がけてください。そうすれば、そうした**ポジティヴな波動**があなたから放射され、その波動と同調したポジティヴな現実をあなたは経験しつづけることができます。

ご自分の内外で、つねに波動が生み出され、放射放出されつづけているということを意識するようにして、あなたが欲しい現実を引き寄せることのできる波動を生み出すよう訓練してください。

波動を乱す感情に注意してください

自分自身の感情に圧倒されないよう注意してください。

感情に自身が動揺することで、波動は乱れてしまうからです。

恨みや憎しみは、波動の問題以前に身心にじかにダメージをもたらせる強力なエネルギーですから、ご自分のために、許すことを選んでください。

ねたみやひがみ、競争心や敵対意識は、欲求の裏返しですから、ネガティヴな感情に気づいたら、「私はあのようになりたいと思っている」と認め、すでにそうなっている人を**無条件に祝福してください。そうすれば、無条件の宇宙もあなたに祝福をもたらせます。**

日常では様々な事象を見聞きし、それが脳に届くとその人なりのパターンでそれらの物事をとらえます。ですから、すぐに焦ってしまったり、なにかと心配してしまったり、落ち込んでしまったり、ということもあるかもしれません。

このとき、そうした**自然な感情や自分の性格を否定する必要はありません**。

ただ、その**感情に圧倒されない**でいるようにすることです。そうすれば波動が乱れることはありません。論理性を保ち、客観視し、みずからのネガティヴ思考やネガティヴな感情に巻き込まれないように、口角を上げて深呼吸するようにしてください。

「喜怒哀楽」というのはそれら自体に良し悪しはありません。

「喜怒哀楽」は、東西南北や春夏秋冬のように自然で中立なものです。

むしろ、喜び方によっては波動が乱れるということがあります。

いいことがあったときウキウキしすぎて足元をすくわれるという経験はありがちかと思いますが、これも実のところ波動の乱れによるものです。このパターンが多い場合は、喜びと同時にしめやかに感謝する習慣をつけることをおすすめします。

いずれにしても、中立な立ち位置、中立な視点で、感情に動じないよう波動を保つことが、次なる現実をつくりだすための、そして高次意識とつながるための秘訣です。

いつも喜んでいましょう

引き寄せの力の源である宇宙の意識エネルギーに願いを叶えてほしいならば、いつも喜んでいてください。

あなたの願いが叶ったときあなたは喜びに満ちているでしょう。ご機嫌がよいので柔和で寛大。イライラすることもないでしょう。

ですから、**喜んでいてください。喜んでいれば叶います。**

喜びの周波数をあなたが発信するので、その周波数と同調された「喜び」の現実が現れることになるからです。

「二度あることは三度ある」「類は友を呼ぶ」は波動同調説なのです。

イライラしているともっとイライラさせられることが起こるというのも、イライラの波動が「原因」となり、ただ同類の周波と同調した「結果」にすぎません。

ですから、いつも**上機嫌**でいればよい。

いつも喜んでいればよい。

そうすれば、さらに上機嫌に、さらに喜ばせてくれる経験をすることになります。


「でも現状がこんなによくないのに」と言われる人もいらっしゃるかもしれませんが、ここが大切です。その**現状は間違いなく本人の波動がつくりだしたもの**だからです。

では、そうした喜べない状況下でいかに喜ぶか。

無条件に、今、喜んでみること。それだけです。

たった今喜びを選択することは可能だ、ということを知ってほしいのです。


「感謝の法則」といい、感謝するとよいことが起こる。これは本当のことです。が、心が不機嫌なまま感謝感謝とやっても感謝の波動は放射されにくいものです。

「だから喜んでいなさい」ということ。

新約聖書でイエス・キリストがまったく同じことを説いています。

人はみなキャンドルホルダー

人はみな、キャンドルホルダーです。

内なる光を「個性」というキャンドルホルダーで表現する存在なのです。


内なる光とは宇宙のエネルギー、魂の光です。

その光をどういうふうに通して外に表すか。

それが個性であり、生き方であるわけです。


実際のキャンドルホルダーも、色々な色や形のものが売られています。

内側から光が通される様はどれも個性的で美しいものですね。

けれども、まったく絵柄もついていない、光を通すことのない陶器のようなキャンドルホルダーでは、光は外に表現されることはありません。

人間の肉体や個性が、宇宙の光や魂を通すキャンドルホルダーです。これが執着、恐れ、疲れ、我慢、ストレスなどでガチガチになっていると、キャンドルホルダーが分厚い状態なので内なる光を通すことができません。

また、人から押しつぶされたり、周囲に遠慮したりなどして自分の個性や好み、欲望を抑圧し、歪曲させてしまうならば、キャンドルホルダーに**「その人らしさ」が表現**されることはありません。

人はみな光を宿しています。
人はみな光の存在なのです。

その光を個性というキャンドルホルダーで表現するということが、**魂の生き方**をするということになる。**宇宙の無限の力を人生でパフォーマンスする**ということになるのです。

一瞬で「気」を高める、矢印イメージ法

「〝気〟が下がっている」「〝気〟が重たい」と感じるとき、次の3ステップで気を上げることができます。

①はじめに、そのときの**「あるがままの気」**を感じ、受け容れる。
（このとき、両腕、胴体、両足など内外の、あるがままの気をゆるし、触れるよう手をゆっくりと動かしてもよい。すぐに変えようとすると抵抗が起こるので、まずはそのままをただ感じ、受け容れることがコツ）

②次に、身体の内外に無数の「気の矢印」があるのを感じながら、その流れや向きは**無条件に柔軟**であることをイメージする。
（流れを和らげるようなイメージで手を動かしてもよい）

③最後に、「気の矢印」がいっせいに**上向きに流れ上昇する**イメージで**口角を上げて深呼吸**し、**「私の気の流れは上向きに設定された」**と宣言する。

（両手を下から上へ救い上げるように動かし、手のひらを上に向けて両肘を伸ばし天に向けて開くというポーズをつくる。宣言は声に出すほうが効果的）

手を動かすことは気功の要素が取り入れられていますが、この3ステップは慣れてくればイメージ（意識）するだけで、一瞬でできるようになります。

試したことのない人には信じられないもしれませんが、ここで使うイメージの力とは意識の力であり、**意識の力こそ、エネルギー**なのです。どういう意味かといいますと、ポットでお湯を沸かすとき、水が沸騰すると湯気が上がっていきますよね。湯気はポットの下から加えられる熱によってです。つまりエネルギーが加えられているわけです。

人間の「意識」も、加熱のエネルギーと同質のものなのです。

心身の状態が気にも影響するように、気を高めておくことができると心身の状態も快活に保持することができますので、この意識の使い方を身につけると便利です。そのうえ、自分のまわりにもよい気の領域を広げることになるので、見えない気のレベルで人や物事から振り回されたり巻き込まれたりするということがなくなります。

人はみな、幸せになるために生まれてきました。
人はみな幸せの波動の持ち主。
思い出せばすぐに幸せの波動が放射されます。
思い出せばすぐに喜びの波動が放射されます。

すべてはうまくいっています。
あなたはあなたが決めたぶん幸せになることになっています。
すべてはパーフェクトに応えられています。
遠慮は禁物。
欲望に心を開いて、堂々と幸せを受け取りましょう。

✴成る✴

思いが、次の現実の原因になります。

「未来」は、その手前である「現在」の思いによって創り出されます。

現在はすなわち過去の思いの結果ですから、
現実のように見える目の前の世界は、過去の残像にすぎないのです。

思いこそ実体であり、五感で感知できる次元こそ、残像が次々と現れている現象の世界なのです。

次の現象、次の残像を変えるには、現在の思いという実体を変えればよいだけ。

現象・現実を変えるのと、頭のなかで思いを変えるのと、どちらが簡単ですか。

今ある物理的なものをすべて動かすのと、
今頭のなかの事柄をご自分の意志や意識で動かすのと、どちらが簡単ですか。

決めたことの9割は実現します。「そうなる」と決めてください

「そうなる」と決めてください。

なりたい自分、果たしたい夢や目標など、自分がどうなりたいのか。その像を思い浮かべて、**自分は「こうなるのだ」と決意**してください。

現実は、あなたが決めたようになります。

言い換えると、「決めたようにしかならない」のです。

「決める」と言われても、「これは難しそう」とか「こんなこと周りでしようとしている人はいない」など色々な思いが出てきて、「決める」というところまで思いが進まないことがあるかもしれません。

それだから、「叶わない」のです。

ですから**決めるということは、あなた自身が自分の内側から生まれる色々な思いを振り切ったり無視したりなだめたりして、「ただそうする」と思う・決めることので**

きる自分になることが大切なのです。

ようするに、自分が自分の脳にいかにそう「**思い込ませるか**」。

つまり、「そうなるのだ」と決意することは、脳のなかで行き先を決定する・行き先を定めるということになるのです。

思い込みだけで成功したり、いい思いをしている人を見かけることがありますよね？

その人のなかで何が起きているかというと、言ってみれば**脳が「その気にさせられた」結果**といえるのです。

アファメーション

私は○○になると決めました。

無条件にそうなっている自分を、思い描きます（ヴィジュアライゼーション）。

なるべく具体的に。

未来を創り出す、ヴィジュアライゼーションのコツ

未来を創りだす脳といわれる前頭葉に願望を思い描くヴィジュアライゼーションを効果的にするには、先述した凝視法での意識の向きが重要になりますが、実際そこに「思い描く」ことももちろん不可欠。

その思い描きが苦手という方も少なくないようですので、その方法も含めて紹介しておきましょう。

●書きだす

言葉を用いることでイメージしやすくなります。何もないところから「あるもの」を想像するより、たとえば、「レモン」「青空」「真っ赤なスポーツカー」などいわゆる字面《じづら》を見ることでイメージしやすくなります。

書きだしたものを見ながら、声に出してひとつずつ想像のなかで形にしていきます。

（声に出し指示する側とヴィジョンする側と一人二役をする感じです）

●画像を用いる

視覚から情報を入れてあげると、想像しやすくなるので、欲しいものやなりたい姿の画像を用いると、眼を閉じてイメージするとき思い描くことが容易になります。

また、なりたい自分や欲しいものの画像を探す行為自体、みずからの欲求解放にも役立ちます。

●感覚を用いる

閉じた眼のなかでイメージの世界を想像することができたら、そのなかで実際にそれを生きている自分をよく味わい感覚を高めるようにします。

それによってありありとした喜びや高揚感、感謝の念などがあふれてきて、自然とにっこりうっとりした表情になったり、感きわまって涙があふれてくるかもしれません。ここが単なるイメージとヴィジュアライゼーションとの違いといえます。

「そうなっている自分」で過ごす

「なりたい自分」を具体的に書いたりなどして明確にして、それを無条件にヴィジョンしたら、今度は、**「すでにすっかりそうなった自分」**で過ごすようにします。

そうすると、もうすでにそうなった自分の眼で世界を見、とらえ、外界と接することになります。

もうすっかりそうならせていただいた「私」の耳で聞き、とらえ、外界へ反応するようにします。

つまり、ヴィジョンのなかのこれから起こる世界と現状とのあいだで**自分がフィルター役**をつとめることで二つの世界をつなげ、時間短縮できるというわけです。

夢を追いかけていてはダメなのです。

夢になってください。

夢を追いかけないで、夢を見ないで、

たった今、夢に**なって**ください。


それが叶ったとき、「夢のよう」って喜ぶでしょう？

だから今、夢のような自分になっちゃってください。


夢になった自分が「私にはこれが足りない」「あれもほしい」「私のつきあってるあの人はこんなんでどうしようもない」そんなこと言っていますか？

お金がない、時間がない、健康がないって嘆いていますか？　いないでしょう。

ですから「叶ったら満足だから文句が出ない」ではなく「**満足そうにする**」。

「金持ちになったら寛大になれる」ではなく「**寛大でいる**」。

なにしろ、**「もうそうなった自分」でいる、という課題を徹底的に思い出して、遂行してください。そうなったあとの自分で考え、言動をするよう徹してください。**


と、このように伝えても、考えすぎる傾向にある人は「でも」「ああでもない、こうでもない」と食い下がってきます。

ちょっとおバカさんになるくらいのつもりでやってみてください。

子どもの遊びでいうところの、「ごっこ遊び」でよい。そのふりをしてごらんということなのです。

そうしていると、外界が、**現実が「ひとりでに」変化**してくるのがすぐにわかるはずです。

自分というフィルターが世界を創っているのだということがすぐにわかってくるはずです。

ごっこ遊びを楽しんでみてください。

ミーポンとキヨチの 青春 読書のーと

第76回「ふれてしまった!」の巻

願望が実現する前に起きる「次なる次元」へのサイン

なりたい自分になる、理想の生活・成功が手に入る……願いが叶うその前には、ある考えから離れたり、ある在り方から移行したりすることから、お付き合いする顔ぶれが変わってきたり、持ち物が変わってくることがあります。

つまり**ある特定の人や物との関係が終わることがある**のです。

たとえば新築の家に引っ越しするとき、旧い家から持っていく物もありますが、この際、処分しようという物も出てきますね。そんなふうに、ステージが変わることでの**入れ替え**があると知っておくとよいでしょう。

物ならば失くしたり盗まれるという形で現れることがあったり、関係ならば修復不可能な出来事によって人が離れていくということがあるかもしれません。

しかし、これこそ「覚悟」がいよいよ現実に投影され、次なる次元へ踏み出していることです。ですからあまり反省したり残念がったりしないことです。

水先案内人を見逃さないこと

思い・願望・ヴィジョン・目標を抱き、常に「思って」いれば、潜在意識や宇宙の力は思いに応答して働き出します。

届けてくれたり、起こしてくれたり、連れて行ってくれたりします。

けれども、「その力」が、あなたをひょいと抱き上げて連れて行ってくれるわけではありません。そのかわり、あなたに必要な気づきをもたらすために、よい例・悪い例を経験のなかで見せてくれることもあるでしょう。またうっかり道を間違えてしまったときに、ちょうど欲しかったものを売っている店を発見したり、というようなことがあるのも「その働き」が応えてくれている証拠です。

こんなふうに、**思いは、叶えられるようにできていて、思いを叶えるために常に「応答」してくれている「何か」がある**のです。

さて、そのなかに、**「水先案内人」**なるものがあります。

次なる大切なものや人に接続してくれたり、世界を広げるヒントを与えたりしてくれる役割を果たす人物です。

ところが、**その案内人は、あなたがあまり重要視していない人の場合も多いので見逃しやすい。ここがポイント**です。

たとえば、頼りなさそうだったりとか、こちらの願望について打ち明けた覚えがなかったりするので、その人が成就への案内役だというふうには思えず、その人の**言葉や提案を軽く判断**し、誘いを断ってしまったり情報に耳を傾けなかったりということがあるのです。

関係も濃密ではなかったり、理想的で憧れの対象になるような人でなかったりするので、よい意味ではさほどの影響力がない。そのぶん緊張度が低く自由度が高い。自由度が高いので、これまで通りの聞き方や判断で、その**案内を素通り**してしまう、ということがあるのです。

しかし、**宇宙の力は願望成就に対してあらゆる手段で支援しています**。

色々な「乗り継ぎ」をさせながら進ませてくれているわけです。そこを見逃さないようにしたいものです。

そのためには、**偏見をなくす**こと。

そして、この人は自分にとって意味がありそうとかなさそうなどと勝手な決めつけをしないこと。

「今・ここ」を大切に生きる。すべてに感謝とリスペクト（尊重）をもって接する姿勢を保つ、という学びがもれなくついてくるということになるわけです。

そうした姿勢・そうした見方・とらえ方・あり方ができるようになるから「すべてはパーフェクト」「すべてに最善最高の意味がある」ということが、ほんとうに実感できるようになるのです。

「何かが頭にちらついた」ら、そこに気持ちを向けてみる

思考や気がかりとは別の感覚で、何かがひらめく・どうも気になる、ということがあったら、それに従ってみると、**宇宙的インスピレーション**の強化につながります。

第一段階は、そのちらつきを察知できるようになること。

第二段階は、それに従って行動することができるようになることです。

宇宙は頼まれたように、叶える方向でヘルプしているので、**ひらめきという形でメッセージを送ることが多い**のですが、人間のほうが、それをかき消して却下してしまうことがとても多いです。

自覚のあるなしにかかわらず、ひらめきに従い動かされるように行動している人は、不思議な偶然、いわゆるシンクロニシティを経験することが多くなります。

なりたい自分になっていい。なりたい自分になりなさい。
遠慮もいらない、許可もいらない、
なっていい、なりなさい、なりましょう。

宇宙はあなたの「なりたい」にパーフェクトに応え、
パーフェクトにサポートしつづけています。
安心して、笑顔になって、深呼吸。

すべてはうまくいっています。
あなたのすべてはそれでいい、とてもいい。
自分をたっぷり許して認めて愛して、自分の味方でいてあげよう。
らくな自分、ほんとうの自分で、あなたは「なりたい」を叶えます。

✷しない✷

人間が気をとられていることの多くは、
願望成就への時間を最短にすること以外の、
さして重要でないことがほとんどと言えます。
人間が考えていることの90％は不要。残り10％のほうを広げて、
的の外ではなく、的の中心へと向かうことです。
的の中心の10％を100％にしていくということが大切なのです。

なりたくない人の観察はしない

なりたくないと思うような人について観察したり分析したり、あるいはよくない理由を考えるのをやめて、**なりたいと思う人を探し、そちらを観察する**ようにしてください。

的の中心が「なりたい」だとしたら、「なりたくない」ものは的の外です。

宇宙はその人の注意を向けるものをもたらします。ですから、的の外に注意を向けない、興味を示さないようにしましょう。

注意を向けてエネルギーを傾けているものが、絶えず「お願い」「リクエスト」として宇宙に届きます。

そして宇宙は無条件にシンプルにそちらをもたらしてくれます。

的の外ではなく、的の中心こそあなたが大好きなもので、そちらを喜んで目指しているという思いを明確にしておきましょう。

2割減らしましょう

腹八分目がよいように、時間も腹八分目にする習慣をつけると、心身に余裕ができます。

宇宙の力の「使い手」になるには、なにしろ、いっぱいいっぱいのストレス状態でいることは大敵。**余裕を設ける**ということがなにより大切です。

しかしながら、仕事にしてもサービスや思いやりにしても、通常はやればやるほどよいと思われがちです。

まず、もし今あなたが、相手のために一生懸命になってやっているのに、なぜかうまくいかない。「相手のためを思って、こんなにやっているのに……なぜ?」と、悩んでしまうことが多ければ、**やりすぎがたたっている**かもしれません。

八分目を目指して、これまでの感覚では少々物足りない程度でちょうどよい、と考え、それ以上してしまうことで犠牲になったり悪循環を生じさせたりすると心得ておいてください。**ストレスがない状態を自らつくることは、宇宙の力の使い手になるための大前提**だからです。

恋愛でも「すごく好き」と100％与えてしまうと、相手もお腹いっぱい。毎回毎回お腹いっぱいだと消化不良をおこして疲れてきます。

人間関係だけでなく時間もそうです。仕事を100％とか120％詰め込んでしまうと、パンクします。たとえば予備日を設けるなど、2割くらいの余裕があれば、トラブルが起きても取り返せます。

「せっかくだから」と、あともう少しやりたくなってしまうことも多くあるかと思います。それは決して悪いことではなく、むしろ勤勉で集中力もあるという意味で大いに結構なことです。けれども、器がいっぱいだとこぼれやすくなるのと同じ。こぼれたら後処理に追われます。

時間も仕事も腹八分目がよいのです。

２割減らせば、サラリーマンのお父さんはもっと子どもと過ごす時間が増えるかもしれない。奥さんの話を聞いてあげる余裕ができるかもしれない。

企業も、あとの２割を追いかけないほうが、社員の健康度や幸福度が高いぶん、仕事の効率も上がり繁盛するものだと考えられはしないでしょうか。

何事も八分目。あとの２割は欠け・不足ではなく、そこは**「残す能力」**。

そして、その２割の心身の余裕、ゆるみの部分に宇宙の力や想像力、インスピレーションといったものが注がれやすくなるのです。

宇宙の言い分は次のとおり。

「人間に頼まれたから人間にアクセスしているのに、人間にそれを通すスキマがないのだよ」。

お姫様ごっこで優雅に豊かに愛される

優雅に豊かに愛されたいと思うなら、「お姫様ごっこ」をしてください。

気配り上手で常に盛り上げているのに恋愛がうまくいかないという場合、**過剰におもてなし役**をしているものです。

そういう人から見て「気が利くタイプでもないくせにモテる」と言いたくなる女性の特徴は、おっとり、もてなされる側の座にいます。

両者を比べると、「御用聞き」と「お姫様」のようでもあります。

御用聞きは、なんでもできなければいけないと教えられているので**頼まれもしないこと**まであれこれすることが多く、そこまでやらなければ認めてもらえないという心理をもっています。一方、お姫様は「姫はできずともよろしいのです。周りがいたしますから」と言ってもらえるので、「こんなこともできないの?」「知らないの?」と言われることに恐れも引け目も感じていません。

この**恐れも引け目も感じていない、ありのままの自分でよいとしている心の波動が、**

そのままの自分で愛されるという現実を引き寄せているのです。

もちろん、気が利く女性すべてに恋愛運がないと言っているのではありません。態度や心の在り方が、そのまま現実を同調させるということをたとえでお伝えしています。男性にも応用するなら、「御用聞き」と「王子様」というところでしょうか。

御用聞きでいるのか、お姫様でいるのか。

お姫様役と決めたなら、人からなにかしていただくようなとき、慌てて断ったりせず、「どうもありがとう」と**じゅうぶんな間をおいて、優雅にいただく練習**をします。「オトコのくせにドアを開けてくれない」と言っている女性に限って先にドアに手をかけてしまっているものです。お姫様ごっこで、じゅうぶんな間を練習しましょう。

具体的に「減らす」「やめる」言動ポイントを書き留めておきましょう

お姫様のようになることのほか、成功者らしくある、人格者らしくある、らくな自分でいる、など自分の目標を定め、長年の習慣に過剰な部分がないか自分で気づいたポイントを書いておき、日常的にチェックするとよいでしょう。

相手の機嫌を深追いしない練習

メールなどの返信がこないと、自分のメールの内容やちょっとした言い回しがマズかったからなのでは、と思い悩んで確認メールをしてしまい、相手から面倒がられ、さらに傷つくという悪循環を経験している人も少なくないようです。

そうした傾向が強い人は、何ごとにも**「深追いしない練習」**をしてください。

たしかに「言葉じり」を気にする相手もいるので、気にはなるものですが、そういう人に対してこちらが**神経質**に関わると、相手も知らないうちにこちらから「期待どおりの表現」を期待するようになります。

そうなると、はれ物に触るような気分で相手と接しなければならなくなります。

何かと自分のせいだ、自分が悪かったから相手は気分を害したのだ、などと思わなくてだいじょうぶです。

逆に、「なーに、へんな人」と思うくらいでよいのです。

そして**自分自身に「気にするところじゃないからね」と言葉がけをしてあげて、自分の味方になってあげましょう**。

子どものころ、なにかと「悪いのはあなた！」と躾けられていると、人の不機嫌は自分が原因と思いがちですが、人の機嫌などその人自身の問題なのです。

ですから、気になって連絡しようかどうしようかと考えはじめたら、

「そこまでケアする必要なし！　深追いしない！」

と、声に出すようにしましょう！


これをしてみると、嬉しいオマケがついてきます。

それは、逆の立場になったとき、他者の言葉じりをへんに詮索して傷つくということがなくなる、というありがたいオマケです。

相手の気分は相手にまかせると、自然と自分も強くなるものなのです。

いい人にならない。ヴィジョン以外のことに反応しない

誰かのためと考えないでください。まず自分のためにやってください。

目的がある人は、「つき合いよく」しすぎては、目的達成できません。

たとえば、映画がすごく好きというわけでもないのに「一応、話題の映画は観に行きます」「誘われたらつき合います」……そうしていたら、1か月後も半年後も1年後も**何も変わらない**。何も出来上がることはないでしょう。

いま大きな目標に向かっているのであればなおのこと、目標以外のことについ反応してしまう自分に、反応させないよう練習することで、願望と思考、思考と行動が一致してきます。

そうでないと、日々のなかでは、今日はあの人のためにやった、今日もこの人の助けに応じたから仕方ない……と、諸事、やりやすいものばかりに着手してしまいます。

本人からすると、「時間がない」とか「やる気はあるのに、つき合いが忙しい」という言い分があるのでしょうが、実は、恐れて挑戦しないとか、面倒くさいとか、「ほんとうはしたくない」というような**回避的な部分が心の奥底**にあったりします。

応答的な人は感覚機能が鋭いので、**脳が過反応しやすく**、つい請け合ってしまいます。感度がいいだけに、使い分けが必要になってきます。

やむを得ないことにばかり、やむを得ないという理由で時間をかけて、人生を費やしてしまうことにならないように、目標・目的に関係のないものは排除する、反応しないということが大切です。

そこで、いい人にはならない。「私、興味ないです」「忙しいから、できません」と断れるかどうかが問われています。

自分に問いかけてみましょう

「ほんとうにしたいことのために省くべきものがあるか」問いかけ、書きだすなどして、さっそく省けるものを省いてください。

嫌われても、偏るくらいでちょうどいい

相容れない意見や相性の問題で、人が離れていった。そんなときに、「あなた何も悪くないわよ。いいじゃないのそんな人、離れていったって」と味方になってもらったことはありますか？

そうやって守ってもらったことがない人は、嫌われることを恐れてしまいがちです。

嫌な経験はしたくない、マイナスな気持ちにはなりたくない、否定されるかもしれない人とは出会いたくない、なぜなら**マイナスな気持ちになる自分に耐えられない**から。それがあると、ハートの間口が狭くなります。

ですから、たくさん与えて、たくさん受け取って、たくさん感じることに積極的でいてよいのです。

いいのです、嫌なことがあったら嫌な気分になれば。怒ればいいのです。あんなに

怒っちゃった、取り乱しちゃった、感情的になっちゃった……と、自分をあとで責めることはありません。**ここ、怒るの当然でしょ**。それで嫌われて離れていくなら結構ですよ。そういう気持ちでいてＯＫ、何の問題もありません。

そうやって**人生の正しい道を切り開いていく**。嫌われない道を切り開いていくのでも、妥当な道を切り開いていくのでもなくてね。

嫌われていいのです。偏りなさい。偏るくらいでちょうどいい。

自分の個性で生きるということは、偏って生きるということですよ。
自分の個性を活かせない人からは、嫌われなさい。離れていきなさい。

罪悪感や後ろめたさは無用。堂々と受け取ります

罪悪感をもたないでください。

罪悪感やうしろめたさが強いと、願望成就を遠ざけたり、いよいよ受け取れるときに受け取りを拒否してしまったりすることになりますから、気をつけてください。

日常では、「すみません」「ごめんなさい」とあやまりすぎではないかチェックして「ありがとう」という言葉に置き換え、喜んで堂々と受け取る練習をしてください。

また「私はべつにいいです」とか「どっちでも」などと言ったり思ったりしないようにしてください。

そうした**自己卑下的な心の習慣**がありますと、つい人から「忘れられちゃうこと」も多くなります。その人自身の在り方が、「そう扱われる現実」を引き寄せているのが、わかりますよね。

子ども時代、自分より他者への思いやりをもつよう教えられたり、多くを欲するのは欲張りでいけないと教えられたりしたことから、その教えを守るいわゆる「よい子」「よい人」に願いを叶えていない傾向が見受けられるのは、そうした罪悪感やうしろめたさが原因であることが多いです。

今はもう思いやりある大人に成長したのですから、あなたはあなたを幸せにするために、できることをするのがあなたの義務だと考えるべきです。

自分ばかり得しては申し訳ない、との考えは間違っています。

宇宙のエネルギーも自然のエネルギーも、愛やお金のエネルギーもすべて**大河のように循環**しているのですから、与えるばかりでなく、堂々と受け取る練習をするとバランスがとれ、**大きな好循環**のなかで生きることができるでしょう。

焦らない。成就のレールからおりないこと！

決して、焦らないでください。

時間的に、焦らないでください。


一度にたくさんのことをしようと、自分を焦らせないでください。

まわりを見て、人がしていることを自分もしなければ、などと自分を追い詰め、焦らせることをしないでください。


心が動揺して、焦りだす。身体も、焦りだす。

そうすると、**心と身体と魂の歯車**のかみ合わせが非常に悪くなり、乱れてしまい波動も乱れてしまいますから、「焦らない、焦らない」ということです。

いつでも口角を上げて、ゆっくりゆっくり深呼吸していてください。

時計でもテープレコーダーでも、動力となる歯車の回転速度がチグハグだと空回りしてしまいますし、歯車のかみ合わせが悪いと動かなくなったりしてしまいます。

人間の心・身体・魂も、歯車のように連動して動いている仕組みだとイメージしてみてください。

人間が焦ってしまうと、宇宙の無限の力が働きをなす領域が狭くなってしまいます。

物事が成就する、熟すにはタイミングがあります。

ただそれを欲して、念じて、信じて、すべきことをしていてください。

宇宙の無限の力が、それを運び、届けます。

なにかを欲して、念じて、成就へと向かっているプロセスのあいだに、横をちらちらと見て、焦って、**成就のレール**から脱落してしまうことのないようにしてください。

自責、罪悪感を手放す
―それらはもったいない波動だから

人間は、自分の立ち位置、目に見える世界があるから、これは入口で、これは出口というのがありますが、宇宙のエネルギーはまだ二分化される前のエネルギーなので入口と出口は、ひとつの同じものなのです。あるゲート、輪っかなのです。

また入口と出口が同じだということは、**受け取ることと与えることも本来同じ**ということ。

でも、これまで宗教とか倫理の教えは、「いい子にしているとご褒美がもらえる」ということで、幸せはいい子にしていた報酬として与えられるものでした。

だから思いやりだとかを与えていれば、欲しいものはやってくるだろう、と思ってしまうのです。

その人が**なかなか願いが叶わないのは、受け取るということをいいほうに学習していないから**なのです。
思いやりを与えるのはいいことだけど、欲しがるのは悪いこと、とか、自分でやることはいいことだけど、人まかせにしようとするのは悪いこと、とか、そうした教えが間違っているのです。

入ってくるものも出ていくものも同じ。良いも悪いも同じこと。

ですから罪悪感だとか自責の念は、ほんとうに**もったいない種類の波動**です。
ただ究極的には、人間が神の周波数にその周波数を合わせれば、人間は神の力で生きていくことができる。それは、その通りなのです。

Everything is perfect.
この世に偶然はありません。
正確に原因と結果が繰り返されています。

口角上げて深呼吸。
あなたのなかの苦痛に「もう自由になっていいよ」と解放しましょう。
あなたは喜び、愛、豊かさ、可能性を選ぶ人となりました。
不要な無理や我慢、犠牲は断固として放棄する勇気が湧いてきました。

宇宙の応えはいつもYes。
理由がどうでも裏づけがなくても
あなたの選択に応えつづけます。
「しない」を選び幸せでいることは美徳でさえあるのです。

✷からだを整える✷

身体も快適に保って生きてほしいのです。

快感のままの、至福の状態に生きてほしいのです。

でも、人間は重力がある世界で、身体を持って生きていますから疲れます。

身体が疲れてくると、気も萎えてくる。身体と心が疲れてくると今度は無気力になってくる。

そういう意味で身体が強くあるということは、非常に大切です。

身体と意識と行動力の連携を練習して鍛えておきましょう。

エネルギーの呼吸で、自分というパイプを通るようにします

宇宙のエネルギーを、あなたの心身に通すためにはパイプを通すことが必要だとお話ししました。エネルギーを通せるパイプにするための「エネルギーの呼吸」を身につけましょう。

まず、**目を閉じて深呼吸**をします。

呼吸の行く先を、観察するようなつもりで、意識を内側に向けて深呼吸します。

あなたの奥にある「崇高な光」「無限の可能性」にまで、その呼吸を届けるつもりで深呼吸を繰り返しましょう。

身体の中心が広がって、一本のパイプになっていると感じてみてください。

そのパイプは、呼吸をするたびに広がっていきます。

そして**身体全体が太いパイプになっているとイメージ**してください。

頭のてっぺん（頂門）まで太いパイプになっているとイメージできたら、そのまま もっと上、**頭の上の高いところ、そのまた高い宇宙に気持ちを向けていきます**。深呼吸は続けてください。

宇宙からは、絶えずエネルギー（気＝サンスクリット語でプラーナ）が届けられています、そのエネルギーを、パイプに通すように呼吸していきます。頭上を意識して、「光」を吸い込むようなイメージです。

頭上からパイプへ、パイプ全体へ行き渡らせるように、エネルギーを通していきます。

このエネルギーは「無限の可能性」「崇高な光」「愛の光」「癒しの光」「豊かさ」など、あらゆるものに変換可能です。ですから、自分にとって心地よい言葉、必要な言葉に変換して、心身に行き渡らせましょう。

あなたのなかの無限の可能性と、宇宙の無限の可能性が、いまパイプという一直線につながっています。

呼吸をするたびに、それが太く広がっていくのを感じています。

光のパイプに宇宙のエネルギーが流れ、その光が身体全体に行き渡り、自分が可能性の光に満たされているのを感じています。
無限の可能性があなたの呼吸になっています。あなたがエネルギーになっています。

光をイメージしたエネルギーの呼吸

通り道としてのからだを整える①
スローモーション＆呼吸

朝起きて支度をするとき、5分間で結構ですのでスローモーションでやってください。

ロングブレスのスローモーションで音を立てないという朝の行です。

お布団から起き上がって、ゆっくりと深呼吸をしながら、ゆっくりとお手洗いに行き、ゆっくり一歩一歩身体を振動させないようにコップにお水をついで飲む、など毎朝習慣的にしていることを行います。

このとき、コーヒーメーカーにお水を入れたりセットしたりして、コーヒーを沸かす。お化粧道具をゆっくり音を立てないようにポーチや引き出しから出すとか、ゆっくりとカーテンを開ける。窓を開ける。

このスローモーションのときの注意点は、次のような感じです。

まなざしをふらつかせない。身体もぐらつかせずに、背筋は上にキューッと身体を引き上げるように、腰の位置を高く保って、おへそ・みぞおちをもう一段上に引き上げるような感じ。肩はいからせずにすんなり下りている。ゆっくりと大地を踏みしめるように、足の裏で身体の中心を感じながら動く。呼吸する。

毎朝30分瞑想できれば理想的ですが……1週間に一度30分瞑想をするよりも、毎朝5分だけこうした「動の瞑想」を行うほうが効果的です。

呼吸を動きに乗せてあげるというのは非常に大切です。内外の統合、思いと現実、それらを交わらせるために、動きのあるところで整った波動を訓練する。朝の時間にセッティングするということが非常に有効に働きます。

呼吸と一緒に、低音を出す感覚で、呼吸のポジションを低くします。上のほうで呼吸するよりは、下のほう、呼吸をぐーっと飲み込んだ、みぞおちのもっと深い低いところに呼吸のポジションを置いておくのです。

ゆっくりの動作の時間に、**「ありがとうございます」**。低い呼吸、低い声で「ありがとうございます」。くり返しながら、ご自分がどこへ向かっているのか、もうどうなると決めたのか、行き先がどこなのか、確かめるという意識をもって。

習慣づいてきたら、意識のなかでどこへ向かっているのか、また今日のスケジュールを想像してそこで整った自分で対処している、特定の人々と接しているところを想像するなどしてもよいでしょう。

こうすることで、心身の中心・自分の軸がしっかりしてきます。

「もしかしたらうまくいく一日」「もしかしたらうまくいかない一日」という外側次第の一日ではなくて、自分のレール・行き先がしっかりしているので、**外がどうであろうが自分が行くべきところ、成功の一日が創り出される**ということなのです。

その意識エネルギーで一日をはじめることができますから、正しいレールで一日を過ごすことができます。

社会のリズム・速さ・テンポの歯車に合わせて生きている肉体のリズムが、内なる精神の、神の光の領域の速さにセットされるわけなのです。

通り道としてのからだを整える②

シャンプーでグラウンディング

人間は、力の通り道。

心、魂、潜在的な宇宙とつながる意識があると言いました。これらがしっかりと身体という肉体によい形で収まっていることは非常に大切なのです。

ですから宇宙とつながるための身体を整えるという意味で、ヨガなどでバランスをとるとか、気功などでゆっくり動くなどは、身体と肉体と心とそのまた奥の意識が整い、調和をとるのに有効なのです。

ですから、心と身体が整った状態を日常で保つということを、大切な日常の習慣・訓練としてもっていってほしいです。

ただ、日常の生活のほかにヨガその他いろいろやろうと思うと、時間が足りないという方もいらっしゃるでしょう。

そこで、ひとつ、簡単なことを申し上げます。

シャンプーをするときに、座ってやる方が多いと思いますが、**立ってシャンプー**してみてください。

頭を洗うときは両腕を上げて動かしますから、身体が揺れます。だから、肉体がきちっとしている人以外は、座ってやりたくなるのです。

人間は触られているところに**意識**が行きますから、両腕を上げて動かしていると、どうしても頭のほうに意識が上がってしまいます。このときに自分の軸を感じて、骨盤の内側（丹田《たんでん》と呼ばれているところ）と両足で、しっかりと**身体の軸を固定させた状態――グラウンディングという表現になるのですが――で深呼吸**をしながら頭を洗ったり、シャワーを立って浴びます。**軸のぶれない身体づくり、グラウンディング**に役立ちます。

内臓を元気にする自然治癒の力を引き出します

内臓の働きをあたりまえのように思っていないでしょうか。

健康であることは内臓が正常に働き、内臓が元気であることが不可欠です。

内臓もストレスで具合が悪くなることを思うと、内臓ひとつひとつに「気」を向けてケアすることで心身の健康を促進し、病いを防ぐことができます。


治療することを「手当て」といいます。

手を当てがうとか、さするなどするだけで治癒力が発揮されるからです。

痛いところに自然と手がいくというのも**自然治癒力**の働きでしょう。

横になり、手のひらを胸やおなかにやさしく当ててみましょう。
手のひらに宇宙から**癒しの光**が、注がれているのを感じてみて（イメージしてみて）ください。その光が体内に注ぎ込まれて、身体も心も安らかになっていきます。

深呼吸しながら内臓の働きに「ありがとう」と心をこめて感謝を届けます。

心臓、肺、胃、腸、肝臓、腎臓、膵臓《すいぞう》、膀胱《ぼうこう》など、身体のなかのひとつひとつの臓器に、時間をかけて、愛をこめて感謝の意を届けます。

「酷使してごめんね」と言いたい気分になったら、そのように伝えてください。

細胞のひとつひとつにも意識があり、本人の思いや言葉を受け取っています。

愛情、光、気を届けると、臓器本来の力はいっそう高まります。

感謝が済んだら、深呼吸しながら、心身のストレスや不健康なエネルギーを解放するつもりで大きく吐き出してください。

そうしていると、自然と深呼吸がため息になり、ため息がうめき声になったりするかもしれません。内臓に限らず自然と手がいき押したくなったり、不快な感覚で動きたくなったりするかもしれません。そのときこそ止めずに**「動かされて」ください。**

不快が癒され方を知っているからです。

それが自然治癒力だからです。

片手ではなくて、両手を使う。「向き」が大事だから

子どものお腹が痛いときにお母さんが手のひらでさすってあげると、それだけでも子どもは癒されます。

お母さんにさすってもらって安心ということもありますが、さすっている皮膚と皮膚の感覚以上に光が内側に届いているからです。宇宙の無限の癒しの光・波動が届いているのです。

「よしよし、だいじょうぶ、よくなるからね」

そう言ってさすってあげるだけで、お母さんはもう奇跡の癒し手になります。

こうした癒しの力を増大させたいと思うのでしたらシンプルな練習法があります。

それは、**物を片手ではなく両手で受け渡ししたり、取ったり置いたりする**のです。

片手でしたら、身体と顔は相手の方向に向けないでもすみますが、両手ですと、上体が対象にしっかり向きますよね。

この向くというところに、**意識・エネルギーが高い純度で流れる**のです。

声を正す・まなざしを向ける。光が届くから

言葉を発するときも、できるだけ正しい発声で、その言葉が意味していることをしっかりと意識するようにします。すると**言葉は言霊に変換されます**。

正しい発声に関しても波動のレベルからするととても大切です。

たとえば、「もうなんでいっつもこうなの！　あなたったら！」などとネガティヴな感情を伴った泣き言やお小言を言うときの声のトーンは**ネガティブな波動**をもっています。

一方、「あぁ気持ちいい」「嬉しいなぁ」「ありがたい。感謝します」と言うときは声のトーンも聞き心地がよく、**ポジティブな波動**が発せられます。

感情のヴァイブレーションが身体（声）に表現されるので、それなりのヴァイブレーションになるのです。

眼はただ角膜に物が映れば脳に届くわけなのですが、それ以上に眼という窓からその方の光が現れます。

その方の光というのは神さまの光ですから、眼を合わせるときに、愛の光・無限の光・宇宙の光が眼という窓から発せられている、あふれ続けている……こうした意識で生活をしてみるのです。

そうしますと、言葉に心がついてくる。**まなざしや言葉に力が増して、純度の高い大きな光が現実世界へも流れるようになるのです。**

まなざしを向けて、心からその言葉を言う。

何かお願いするのでも、眼を見ず、身体も向けずお願いしても、期待どおりの返事は返ってきにくいものです。けれども身体も向けて、まなざしに光を通して「申し訳ないですけど、そうさせていただいてもよろしいですか？」という思いで伝えると、お相手も肯定的な反応をするようになるはずです。

こうして思いを正しい通り道を通して表現できるようになれば、あなた自身が「引き寄せの力」そのものになることができるのです。

外に出て「上昇気流」を感じる

外に出て太陽を浴びるということは、エネルギーにとって非常によいのです。湿気は外気で蒸発するので、エネルギーが上にあがっている。そのザーッとあがるエネルギーのなかに身体を置くと、エネルギーは、身体のなかにも及びます。

南国やカラッとした海外、天気のいいところへ行くと、気分が晴れたりします。感受性の強い人は、単に天気がいいから気分が晴れる以上の身体の軽さや、エネルギーの軽やかさのようなものを感じると思います。

それはひとつに、気のなかに上昇気流があるから。

天気があまりよくなくても太陽のエネルギーは存在していますから、家のなかでどうもパッとしないときには、ちょっとベランダのほうに出るなどしてもOK。外気に触れて太陽のエネルギーのなかに身体を置く。そうすると、身体のなかの気も上にあがって、**エネルギーの向き**が変わります。

今、すべてはうまくいっているところです。
Everything is well and perfect.

身体は力の通り道。
身体は力の泉。
あなたの身体は健康です。
あなたの身体は強健です。
口角上げて深呼吸。
無限のパワー、癒しの光を吸い込み循環させましょう。
あなたに必要な力は、いつも完全なかたちで供給されつづけています。
あなたが欲する力は、いつも限りなく注がれつづけています。

✷ する ✷

願望成就を経験するのは、あなた自身。
その経験がもたらされるために
行動のセレクションを任せられているのも
あなた自身なのです

したいことを「する」

自分がしたいと思うことを「する」のは、**自分の義務**だと思ってください。したいこと、すべきことに対して「でも」をなくして自由で柔軟な心と身体をよくよく鍛えておいてください。

そうでないと、引き寄せの力が働いたときに、地上でそれを経験する側のあなた、いわゆる地上部隊であるあなたが、結局「動かない」ことで、思いは実現できなかった、ということになるからです。

ダイエットがしたい？　ならば今日から毎日30分歩く。低カロリー食に切り替える。ただそれをする、ようにしてください。難しいことではありません。

毎日寝不足で過労気味？　ならば、つき合いを断って自分の時間を確保する。ただそれをする、ようにしてください。簡単なことです。

これらを「難しい・できない」としている人のところには、いずれにしても自己実現はありません。**簡単に簡単に考えて**、ただする習慣をつけましょう。

このように、**自分がしたいと思うことはそのとおりに行動できる身体づくり、インスピレーションに素直に動ける身体づくりというのは、「宇宙の力を通すことのできる自由で柔軟な自分づくり」となります**。

この習慣がつけば、引き寄せの力、宇宙の力が、いろいろな形であなたに呼びかけたとき、あなたはあなたの意志で自分を動かすことができ、その結果、思いは成就されるでしょう。

また、「しないということを、する」という場合もあります。

時間がきたから「切り上げる」とか、ほんとうは興味のないことに対して「断る」などがそれにあたるでしょう。このときも、「でも」はなし。

なにしろ、**あなたはまずあなたの欲求を、あなたの意思で叶えられるようになることが地上部隊であるあなたの任務である**、と思ってください。

豊かさを引き寄せる

お金への罪悪感やうしろめたさがあると、お金を望んでも引き寄せにくくなります。

お金を堂々と欲しましょう。

生まれてこのかた「お金にお世話にならなかった日」はないはず。

それなのに、お金持ちの悪口を言ったり、お金があたかも危険なものであるかのように考えては、お金を遠ざけてしまいます。なぜなら、お金を遠ざけることで悪口や危険から身を守るという**自己防衛**をしているからです。

あなたがお金をたくさん得ても誰にも迷惑はかかりません。

後ろ指さされることもありません。

どうしてもそう思えてならないのだとしたら、逆の立場だったときにお金を得た人のことを悪く思ったことがある、と**認めてしまって**ください。

そして、

「私は今、お金に対するネガティヴな定義と態度を撤回します。私はお金を愛し受け容れます」

と声に出して3回唱えてください。

こうすることでお金に対する思考が変わり、波動も変わります。
すると、その波動がお金のエネルギーと**調和**します。
お金と「両想い」の関係になることができるのです。

お金・豊かさを受け容れるアファメーション

お金は健全で素晴らしいエネルギーです。
私は私が裕福になることを私自身に許し受け容れます。
私が豊かになることはよいことです。
私が裕福になりお金をたくさん得ることで、まわりの人をも幸せにできます。

お金をつくる

お金を稼ぎたければ、お金をつくることを考えてください。

人間の「思い」に応える宇宙意識の世界には言葉がありません。そしてその次元では、人間が「考える」「思う」「願う」「祈る」「頼む」「欲しがる」「ちょうだい、ちょうだい、と言う」などはすべて同義語の同じアクション。同類の周波数です。

ですから、お金を稼ぎたければ、お金を欲し、つくることを思考してください。

すると、その思考に反応した宇宙の意識は、あなたに**情報や縁**を引き寄せます。情報や縁や**チャンス**といったものをもたらします。

このとき、あなたの目の前に現れた情報や縁、あるいは内側でふと感じたインスピレーションを**勝手な判断で「却下」**しないことです。

ありがちなケースでは、ピンときた感覚があるにもかかわらず旧来の考え方で「そんなセミナーに行って効果がなかったらどうするんだ」とか「最近知り合ったばかりなのに急接近するのは危険なのではないか」など否定的な思いで、行動するという選択を却下してしまうなどです。

このように**宇宙は人間に100応えているのですが、人間のほうが90戻してしまう、ということが多く起こっています。**

ほんとうに望むものは必ず手に入るようにできています。

そして、ゴールに到達するには、それなりのエネルギーを要するのです。

お金も行動のエネルギーも、大河のように循環しています。

損することばかり考えている人や傷つけられることを想定している人のところへは、お金の大河を引いてくることはできません。

また成功を目前に、強い不安が押し寄せたりすることがありますが、そういうときこそ**覚悟**や**信念**を試されているのだということを思い出して、勇気を出して行動してください。

登山でも、山頂目前がもっともキツいということを思い出してください。

心配するより行動せよ

漁師は、よほどの大シケでない限り、毎日、船を出します。釣れるか釣れないか、大群に出会うか出会わないかということを、陸で気をもんでいてもどうにもならないことを知っています。

なにしろ、漁に出ましょう。心配を打ち消すことや準備することに時間を費やさないことにしましょう。

集中力も然《しか》りです。

集中力や気力が低いという理由でそれらを高めることばかり考えるより、**「やりはじめる」**。

なにしろやりはじめることで、脳の側坐核《そくざかく》という部位が活性化されて、気力や集中力が高まるといわれています。つまり、やる気になったらやろう、というのは間違っていて、やりはじめるからやる気が出てくるという順序なのです。

また心配しすぎて行動できないタイプには完全主義の人が多いため、ゼロか100かしかありません。60点でいいからやってみよう、ということがありません。

釣れても釣れなくても漁に出る漁師のように「ただやりはじめる」。

この習慣を日常で地道につけてください。

無条件に応える宇宙は「お願い」も感知していますが、より明白である「行動」も観ています。

人間同士で考えてもわかると思います。

お願いされても、「言ってることとやってること」が違う矛盾ばかりの人に対しては、「ほんとうはどうしたいの？」と協力しようがありませんよね。

宇宙の引き寄せの力もまったく同じなのです。

叶えたいなら、面倒苦手はさておき、動きなさい

願望を明確に、期限を決めて思い描き、強く願うと、宇宙の力は、それに対して、OKと応え、そうなる方向でさっそく働き出します。

そして、あなたの願望成就に最適な方法に導く情報や人と出会わせてくれます。そのほか、すべきことがらなど必要なすべてを色々なかたちでもたらしてくれる**ステージに入る**のです。

このときの「色々なかたち」というのは、自らのひらめきであったり、他者からの提案やお誘いであったりなどするわけですが、それらに対して決して**心を閉ざさずに新たなステージに乗ってゆく**、ということも、とても大事になります。

多くの人が、せっかくのステージ到来で、消極姿勢をとり、「叶わなかった」という結果を経験しています。実際に日常茶飯事のように起こっています。

この様子は、宇宙からすると、頼まれたものを届けたのに、受け取り拒否している

かのように見えるわけです。

たとえば、結婚でもビジネスでもそうですが、多くの人が、望みへの扉を目の前に、ほとんどの誘いや**チャンスを「面倒」「苦手」として**断ってしまう。やらないことにしてしまう、ということです。

思いの法則、引き寄せの法則といっても、あなたがまったく何も動くことなく、ある日帰宅したらイケメン男性があなたのリビングルームのソファに座った、金庫に大金が入ってた、などということはないとおわかりだろうと思います。

経験するあなたは皮ふの外、現実世界で経験するのですから、現実世界でなんらかの行動をした結果、あなたの望みは叶うのです。

家の中がキレイだろうが汚かろうが、成功する人は成功します

モノが多いと幸せになれないとか、片づけが下手な女性は結婚できないなどの考えにとらわれすぎる必要はありません。

そうしたすすめには確かに納得できるところはありますが、**縁起担ぎばかり**やっている人に限って願望成就していないことが多いものです。

家のなかがキレイだろうが汚かろうが、成功する人は成功します。

試験に受かりたかったら、部屋の掃除より勉強することです。

発表会で成功したかったら、お参りに一日費やすより練習です。

起業してお金を儲けたければ、金運アップグッズに何十万も払うより実務に取り組むことです。

掃除や運気アップがいけないとはもちろん申しません。

ここでは、引き寄せの力をより強く働かせるためには**目的**であることが大切であるということを述べたいのです。

縁起担ぎにはまる傾向のある人は、これさえすればだいじょうぶ、という**「保証」**を求めていることに気づいてください。そして、そこについ時間やお金を費やすのは実は**「回避的傾向」**があるということも認めてしまってください。

「山頂への上り坂を一歩踏み出す前に、やることがある」と**山のふもとを延々とまわってばかり……**ということにならないようにしてください。そうしたことを半ば強迫的に続けている人も相当数見受けられます。


山頂に到達したところを想像して、その前の行動は？　そしてそのまた前の行動は？と逆算していくと、おそらく片づけや縁起担ぎをしている場合ではないということがわかるはずです。

このまま3年、5年、10年と月日はすぐに経ってしまいます。

「いま真にすべきこと」に着手するのは、〝いま〟しかありません。

今、あなたの内なる力が力強く解放されているところです。
今、あなたの本来のパワーが喜んで発揮されているところです。
あなたはあなたの欲望を叶える媒体です。

あなたの望みは神の望み。You are perfect.

あなたの望みが叶うことを全宇宙が喜びサポートしています。
あなたの望みをあなたが行動することはシンプルでたやすいことです。

口角上げて深呼吸。
すべてすべてはうまくいっているところです。
身体をゆるめて考えすぎずに、心に動かされましょう。

つながる

ひとつところに留まっていなさい。
自分の中心を据える深呼吸をしていなさい。
中心という縦のラインが、
聖なる力、見えざるエネルギーとつながる道になります。

「幸せになりたい」だから叶わないのです

「幸せになりたい」

「自由になりたい」

「豊かになりたい」

これらは**抽象概念**なので、このまま願っては叶いにくいものです。


電話で出前をとろうというとき「食べ物ください」と頼むようなもの。

小さな子どもに「ちゃんとしなさい」と言っても通じないようなものです。


「天井ひとつ。もりそば2つください」

「静かに遊んで待ちなさい」

など、**具体的にする**ことが大切です。

あなたにとって「幸せな生活」とは？

家族や交友関係、住まいや車、健康、趣味やファッション、などどのような要素で**構成されているか、またそれらの要素についてできる限り詳しく書きだしてみる**とよいでしょう。

「豊かになる」とか「成功する」「結婚する」なども同様に、具体的に書きだします。

こうして「書きだす作業」は自分から**欲望を絞りだす作業**であるので、抑圧されていた**欲望が解放**されるという効果があります。そのうえ書いたものを脳が視覚で認識するため、**前頭葉**に自分の**未来図**を書き込むという効果もあります。

そのようにして思い描くときにも具体的に明確なヴィジョンをもつことができると、その願いは宇宙にわかりやすく届くようになるのです。**宇宙の力と、人間本来の潜在能力とは、隔たりのない同一のものですから、脳に明確に行き先を設定することと宇宙にお願いが届くこととは同じことなのです。**

ほんとうの自分とつながります

誰かに相談してもインターネットで調べても、どうもピンとこない……ということがあります。

ピタッとくるものは、じつは宇宙が絶えず見せてくれたり教えてくれたりし続けているのです。そうした情報をキャッチするには、**目覚める・覚醒する**ことが大切です。覚醒していると、そして自分の目的意識がしっかりしていると、たとえば日常のそこここに、シグナルがあることに気づくでしょう。

たとえば、バスに乗っていて、あるお店の看板を見たときに「あ、ということはこれかな」とか。立て続けに同じ人に何度も会ったりして、「こっちへ行けということね」とわかるようになるのです。自分という**価値がある存在のなかに、誰もが持っている崇高な力とつながることが大切**です。

そのために、自分のなかの中心の軸、縦に身体の中心を通っている軸、その軸がまた高いところにスーッと伸びていくタワーのように宇宙と意識がつながっている。愛の光、可能性のエネルギーとつながっている。この感覚を得てください。

統合されている・満ち足りている感覚を感じるのです。すると、そうでない感覚のときには「どうも違う気がする」ようになってきます。

ですから、**違うような気がすると思ったら、その感覚を大切にしてください**。

そして、「では、どうしたらいいのか」と頭で考えるのではなく、統合された感覚を**思い出して**ほしいのです。あるいは、少し深呼吸をしてその感覚に戻ってほしいのです。

この「違う感じ」に対して何をすればよいか、どちらの方向で考えたらよいかが軸を通って伝えられ、感じられるようになりますから、その通りに動いたらよいのです。

自分自身であることに安心してください

あなたは、宇宙に無条件に愛され受け容れられている存在です。

なぜなら宇宙は、神は、この世のすべてのものを**無条件の愛**で包んでいるからです。

日常生活を送っていると「こんな自分は受け容れられるのだろうか」などと、不安になってしまうこともあるかもしれません。

そしてそうしたことに**囚《とら》われて**しまうと、自分らしさも閉じ込められて、いつもできることさえできなくなってしまうということもあるでしょう。

そんなときは思い出してください。

あなたが考える前から、あなたはじゅうぶん受け容れられ、あるがままのそのあなたが愛されているということを。

自己否定的な観念に囚われていることに気づいたら、それを深追いしないことです。

深追いしてしまいますと、他者を通して、自分の価値を確認しようとばかりしてしまうことがあります。

たとえば恋愛やその他の関係で、「自分がどれほど愛されているか」とか「受け容れられているか」などを確認しようとばかりしてしまう……。そうすればするほど悪循環にはまっていくことが多いものです。

そうした行動は、自分に自信がなかったり、ちょっと強迫的に「確認しないと気が済まない」という性格がそうさせることもあります。

思い当たる方は、これからはそんな深みにはまりそうになったら、すっと気持ちをゆるめて、**「私は私が確認などする前から、丸ごと愛され受け容れられている存在なのだ」と、宇宙の大きな愛や、暖かい光のエネルギーを思い出して**感じてみてください。

相手次第をやめて、自分次第で生きる

相手次第、まわり次第で生きている間は、**「人生が誰かさん次第」**になります。お礼ひとつ言うのでも相手の機嫌が整っているか、準備がいいかを見すぎなのです。一言電話で先日のお礼をしようと思いついたときなど、即座に「もしかしたら食事中じゃないか」とか「突然電話をしたら迷惑なんじゃないか」などと気にして、また今度でいいかと先送りにし、結局言わずに終わってしまうことがないでしょうか。

でも逆の立場になって想像してみてください。「ごめんね、食事時だと思ったんだけど、一言お礼が言いたくて」と電話をもらえば、うれしいですよね。ですから、**相手次第をやめてください**。

同時に**感謝**を伝える。**褒め言葉**を伝える。伝えやすい相手かどうかに**関係なく**自分が感謝しているから、ありがたかったから伝えるという行動ができれば、相手次第ではなくなります。

そうすると、誰かに認められたときだけ自分に価値があるという感じ方もせずにすむようになります。**相手次第で自分の価値が決まる。相手次第で自分の評価を確認するということがなくなる**からです。

こちらが「ありがとう」と言いたかったら言う。「おいしいね」「また来たいね」と言いたかったら言う。そういう振る舞いを続けていると、**周りにもうつっていきます**。

「うちの女房は、ありがとうのひとつも言わない」などと言っている人は、本人がありがとうと言うようにすれば、奥さんにもうつっていきます。

「なんでこれやっておいてくれなかったの？」とはよく言うけれど、「やっておいてくれたのね、ありがとう！」とは意外と言っていないものです。すごくシンプルです。

愛を学ぶ。信頼や安心を学ぶ。

人生は、日々は、人との関わりは、全部このためなのだとわかると、朝、今日一日に漕《こ》ぎ出す気持ちが楽しくなる、幸せになります。

自分を無条件に許し、受け容れましょう

宇宙の無限の力は、人間がどんな存在であろうとも、関係なく思いを叶える力を発揮してくれるものです。

それなのに、いろいろな条件を取りつけて、せっかくの無限の力を自分に作用させないようにしてしまうのは、人間のほうなのです。

たとえば、「何をやっても続かない自分に願いが叶うはずがない」とか「人と比べて、こんなみじめな自分は恥ずかしい」などですね。

宇宙の力というのは、「〇〇だから」という条件がない世界なのです。

ですから、「いろいろやっているんだけれども、なかなか願いが叶わない」という場合は、あるがままの自分をそのまま許して、受け容れて、認めているかな？　ということを確認してみるとよいと思います。

自分自身に不満を抱いているとか、いつも自分が人より欠けているとか劣っているとか、さらに言えば自分のことが好きじゃない・嫌いという人は、**頭では**願いを叶え

たいと思っていても、**心では**自分を責めたり、高いハードルを設けたりするなど**「条件」**を備えてしまっているぶん、願いを宇宙に届ける思いに**矛盾**を生じさせてしまっているのです。

つまり**宇宙は願えば、そのままを届けようとしてくれる**のですが、「でも私なんてこれくらいだから、これくらいしか届きませんよね」と限定しているので、**限定したぶんしか経験できない**ようになってしまっているのです。

アファメーション

私は、私自身を許し受け容れています。
私はありのままの私を許し、受け容れます。
私は、私自身を無条件の愛で包んでいます。
私は、宇宙が私の望むもののすべてを叶えてくれることを知っています。

見えざる聖なる力とつながる

目の前の「現実」と呼ぶ世界に対していながらも、人は自分の感情や思考に感覚的意識を向けることができ、心とつながることができます。

また、今ここにいながらも、インターネットや携帯電話などで、目の前に存在しない人や情報とつながることができます。見えない電波の恩恵です。

宇宙の見えざる完璧な力と「つながる」要領もこれらと同じです。

その存在をあると認め、その力の恩恵を受けたいと思う人は、必ず、その力と接続されることができます。

最後に特別なアファメーションを紹介しますので、いつも唱えるようにしてください。

私のなかの、崇高なる光に感謝します。
私のなかの、崇高なる光に感謝します。
私のなかの、崇高なる光に感謝します。

あなたがあなた自身のすべてを善きものとして認め、
他者のすべてを、世界のすべてを価値あるものとして認め、許し、
経験のすべてを最善の意味あるものとして感謝し、祝福して受け容れると、
自我や執着が薄れ、あなたという器は透き通ってきます。
そのとき、思考や感情を超えた、もっとも深い「無の領域」、「光の領域」へと意識は開かれ到達することができます。

その光こそ宇宙の見えざる偉大な、無限の力、愛と可能性の光です。
あなたが望むなら、あなたはその力の「使い手」となることができます。

今、すべてはうまくいっています。
愛の光を吸い込んで、うっとりと深呼吸しています。
ほんとうのあなたが安心しているとき、
あなたは宇宙の通り道でいることができます。

人はみな、無限の愛と可能性。
あなたが、あなた自身を愛しゆるし、そしてすべてを Respect するとき
あなたのなかの無限の光が Activate します。
敬愛、尊重の光が無限の力のスイッチをオンにし、
その力を始動させます。
あなたが光であることを自覚しつづけていてください。
あなたが光であることを自覚しつづけていてください。

エピローグ
人はみな無限の可能性

あなたのなかに光があります。
あなたは光。
あなたは無限の可能性です。

人はみな愛と可能性の光です。

すべてはうまくいっています。

あなたは今も、これまでも、じゅうぶんよくやっています。
そして、今からさらにあなたの「なりたい」願望を成就していきます。
もちろん、あなたはその現実を受け取るにじゅうぶんな価値のある存在です。

心が小さくなることはあっても、だいじょうぶです。
心が弱くなることがあっても、だいじょうぶです。
そんなときほど宇宙は万全の態勢であなたをサポートするのですから。

ただ、あなた自身の波動を乱さぬよう、
光を見失うことのないよう、
自身の感情に圧倒されないでいてください。
心を乱さないでいることが、
自分を疑うことなく信じるということであり、
宇宙の見えざる力とつながり、
その力を通すことができるということであります。

あなたはたえず、見えざる大きな力に守られ、導かれています。
そのことを喜んでいてください。
あなたの願いが叶えられることを喜んでいてください。
あなたが奇跡の通り道となり、願う自己実現を果たしますように。

何に関しても、もったいぶってはいけません。
宇宙もあなたに対してもったいぶることになるから。
躊躇《ちゅうちょ》なく、けた外れなことさえ思いなさい。
思うこと、常に念じ、観ること。
常に思うこと、絶えず欲望すること。
常に絶えず強く思うこと。
けた外れなことだって、思わなくては成されようがない。

著者紹介

リズ山崎　ロサンゼルスにて14年間ピアノ弾き語りとして過ごす。自己探求のすえ神秘体験を通しスピリチュアルメッセンジャー、心理セラピストに転身。36歳より大学に学び独自の自己実現法「サラージ・メソッド」を開発。個人コンサル、スカイプセッション、セミナー等を通し人々の願望実現に貢献している。日本森田療法学会認定心理療法士。米国催眠療法協会認定ヒプノセラピスト。裏千家茶道専任教授。著書、YouTube動画多数。たやすく思いを叶える人がいる一方、なぜ「願っても叶わない」人がいるのでしょうか。それは引き寄せる力の使い方を知らないから。本書では、見えざる聖なる力とつながり、願望実現するための方法をお教えします！

The《ザ》 Power《パワー》 of《オブ》 Prayer《プレイヤー》
なぜ、あの人《ひと》の願《ねが》いはいつも叶《かな》うのか？

2015年1月1日　第1刷

著　　者　リズ山《やま》崎《ざき》
発 行 者　小澤源太郎

責任編集　株式会社 プライム涌光
電話　編集部　03(3203)2850

発 行 所　株式会社 青春出版社
東京都新宿区若松町12番1号 〒162-0056
振替番号　00190-7-98602
電話　営業部　03(3207)1916

印　刷　共同印刷　　製　本　大口製本

万一、落丁、乱丁がありました節は、お取りかえします。
ISBN978-4-413-03937-6 C0011